Par Jaafar El-moghir

Le déploiement de la voix sur IP dans le monde réel

Noureddine El-mogfir

Le déploiement de la voix sur IP dans le monde réel

Guide pratique de la voix sur IP

Éditions universitaires européennes

Impressum / Mentions légales
Bibliografische Information der Deutschen Nationalbibliothek: Die Deutsche Nationalbibliothek verzeichnet diese Publikation in der Deutschen Nationalbibliografie; detaillierte bibliografische Daten sind im Internet über http://dnb.d-nb.de abrufbar.
Alle in diesem Buch genannten Marken und Produktnamen unterliegen warenzeichen-, marken- oder patentrechtlichem Schutz bzw. sind Warenzeichen oder eingetragene Warenzeichen der jeweiligen Inhaber. Die Wiedergabe von Marken, Produktnamen, Gebrauchsnamen, Handelsnamen, Warenbezeichnungen u.s.w. in diesem Werk berechtigt auch ohne besondere Kennzeichnung nicht zu der Annahme, dass solche Namen im Sinne der Warenzeichen- und Markenschutzgesetzgebung als frei zu betrachten wären und daher von jedermann benutzt werden dürften.

Information bibliographique publiée par la Deutsche Nationalbibliothek: La Deutsche Nationalbibliothek inscrit cette publication à la Deutsche Nationalbibliografie; des données bibliographiques détaillées sont disponibles sur internet à l'adresse http://dnb.d-nb.de.
Toutes marques et noms de produits mentionnés dans ce livre demeurent sous la protection des marques, des marques déposées et des brevets, et sont des marques ou des marques déposées de leurs détenteurs respectifs. L'utilisation des marques, noms de produits, noms communs, noms commerciaux, descriptions de produits, etc, même sans qu'ils soient mentionnés de façon particulière dans ce livre ne signifie en aucune façon que ces noms peuvent être utilisés sans restriction à l'égard de la législation pour la protection des marques et des marques déposées et pourraient donc être utilisés par quiconque.

Coverbild / Photo de couverture: www.ingimage.com

Verlag / Editeur:
Éditions universitaires européennes
ist ein Imprint der / est une marque déposée de
OmniScriptum GmbH & Co. KG
Heinrich-Böcking-Str. 6-8, 66121 Saarbrücken, Deutschland / Allemagne
Email: info@editions-ue.com

Herstellung: siehe letzte Seite /
Impression: voir la dernière page
ISBN: 978-3-8417-9049-1

Sommaire

Liste des Figures

Introduction générale

Depuis quelques années, la technologie VoIP commence à intéresser les entreprises, surtout celles de service comme les centres d'appels. La migration des entreprises vers ce genre de technologie n'est pas pour rien. Le but est principalement de minimiser le coût des communications ; utiliser le même réseau pour offrir des services de données, de voix, et d'images et simplifier les coûts de configuration et d'assistance.

Plusieurs fournisseurs offrent certaines solutions qui permettent aux entreprises de migrer vers le monde IP. Des constructeurs de PABX tels que Huawei, Siemens et Alcatel préfèrent la solution de l'intégration progressive de la VoIP en ajoutant des cartes d'extensions IP. Cette approche facilite l'adoption du téléphone IP surtout dans les grandes sociétés possédant une plateforme classique et voulant bénéficier de la voix sur IP. Mais elle ne permet pas de bénéficier de tous les services et la bonne intégration vers le monde des données.

Le développement des PABXs software, est la solution proposée par des fournisseurs tels que Cisco et Asterisk. Cette approche permet de bénéficier d'une grande flexibilité, d'une très bonne intégration au monde des données et de voix, et surtout d'un prix beaucoup plus intéressant.

Cette solution, qui est totalement basée sur la technologie IP, est donc affectée par les vulnérabilités qui menacent la sécurité de ce protocole et l'infrastructure réseau sur laquelle elle est déployée. Cette dernière est le majeur problème pour les entreprises et un grand défi pour les développeurs. Certaines attaques sur les réseaux VoIP, comme les attaques de déni de service et les vols d'identité, peuvent causer des pertes catastrophiques et énormes pour les entreprises.

Pour cela la sécurité du réseau VoIP n'est pas seulement une nécessité mais plutôt une obligation, avec laquelle on peut réduire au maximum le risque d'attaque sur les réseaux VoIP.

La sécurité d'une solution de VoIP doit couvrir toute l'infrastructure réseau, incluant les outils et les équipements de gestion des communications et des utilisateurs, le système d'exploitation sur lesquels sont installés ces outils, et les protocoles de signalisation et de transport de données. Il faut même se protéger contre les personnes malveillantes. Plus de sécurité, moins de risques.

CHAPITRE I

Présentation Globale de l'entreprise

Présentation global de l'entreprise

1. présentation de Brioss Technologies

Brioss Technologies est une compagnie jeune et dynamique sise à Casablanca, spécialisée en Conseil en matière de Technologies de l'Information, dotée d'une équipe spécialisé composée par des Techniciens de Systèmes, Conseillers Commerciaux (dans le cadre des nouvelles technologies), Concepteurs /Programmateurs et Analystes du Système.

Brioss opère au Maroc, visant le monde des technologies les plus avancées dans son domaine de spécialisation, grâce aux meilleurs professionnels du secteur, aussi bien sur le plan technique comme commercial.

Brioss offre des solutions intégrales et travaille en étroite collaboration avec des clients afin que leurs projets aboutissent rapidement et efficacement

Brioss a basé sa stratégie sur la sélection des enseignes qu'elle représente et qu'elle distribue et sur des produits et solutions de pointe à chaque moment, offrant une grande valeur ajoutée.

2. Les partenaires

Brioss Technologies est distributeur des marques les plus prestigieuses:

Figure1: logos des partenaires

Ses clients sont des petites et moyennes entreprises (10-100 employés) en expansion dans la région de Casablanca ayant besoin de sous-traiter tous les services informatiques intégraux de façon à créer un environnement de confiance en nous convertissant en votre collaborateur technologie.

3. Domaines de compétence :

✓ Analyse la problématique du client et nous procédons à la conception de la structure optimale adaptée à ses besoins en matière d'équipements, software et communications, pour la gestion et la continuité de son business.

✓ Evalue et fait l'inventaire de leurs systèmes informatiques pour vous offrir le diagnostic de leurs problèmes de conception, configuration, fonctionnement, obsolescence, modularité et sécurité informatique.

✓ Offre un support aux utilisateurs et aux systèmes par le biais d'assistance directe permanente, partielle, planifiée, sur demande et par accès à distance.

✓ Tous les incidents et interventions sont enregistrés dans notre système CRM pour un suivi de l'activité avec le client.

✓ Elle offre solutions adaptées à vos besoins par des contrats de différentes envergures en termes de volumes et d'heures.

✓ Elle travaille sur des projets de sécurité afin d'éviter les intrusions internes et externes pour garantir la continuité de des activités et contre toutes contingences internes et externes. Antivirus, firewalls, anti spam, réseau privé virtuel (VPN), clusters, configuration de domaines …

CHAPITRE II

Etude générale sur la Voix sur IP

Présentation de la voix sur IP

1. définition :

VOIP signifie Voice over Internet Protocol ou Voix sur IP. Comme son nom l'indique, la VOIP permet de transmettre des sons (en particulier la voix) dans des paquets IP circulant sur Internet. La VOIP peut utiliser du matériel d'accélération pour réaliser ce but et peut aussi être Utilisée en environnement de PC.

2. **Architecture général de la voix sur IP** :

La VOIP étant une nouvelle technologie de communication, elle n'a pas encore de standard Unique En effet, chaque constructeur apporte ses normes et ses fonctionnalités à ses solutions Les trois principaux protocoles sont H.323, SIP et MGCP/MEGACO. Il existe donc plusieurs approches pour offrir des services de téléphonie et de visiophonie sur des réseaux IP.

La figure 2 décrit, de façon générale, la topologie d'un réseau de téléphonie IP.

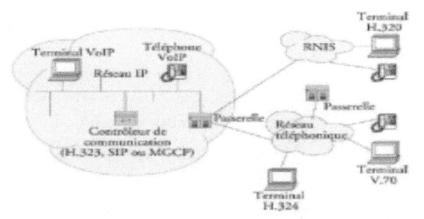

Figure 2: Architecture générale de la voix sur IP

Elle comprend toujours des terminaux, un serveur de communication et une passerelle vers les autres réseaux. Chaque norme a ensuite ses propres caractéristiques pour garantir une plus ou moins grande qualité de service. L'intelligence du réseau est aussi

Déportée soit sur les terminaux, soit sur les passerelles/ contrôleur de commutation, appelées Gatekeeper.

On retrouve les éléments communs suivants :

- **Le routeur** : permet le routage des paquets entre deux réseaux.
- **La passerelle** : permet d'interfacer le réseau commuté et le réseau IP.
- **Le PABX** : est le commutateur du réseau téléphonique Il permet de faire le lien entre la passerelle ou le routeur, et le réseau téléphonique commuté (RTC).
- **Les terminaux** : sont généralement de type logiciel (software phone) ou matériel (hard phone), le soft phone est installé dans le PC de l'utilisateur. L'interface audio peut être un microphone et des haut-parleurs branchés sur la carte son, même si un casque est recommandé. Pour une meilleure clarté, un téléphone USB ou Bluetooth peut être utilisé.

   Le hard phone est un téléphone IP qui utilise la technologie de la Voix sur IP pour permettre des appels téléphoniques sur un réseau IP tel que l'Internet au lieu de l'ordinaire système PSTN. Les appels peuvent parcourir par le réseau internet comme par un réseau privé.

   Un terminal utilise des protocoles comme le SIP (Session Initiation Protocol) ou l'un des protocoles propriétaire tel que celui utilisée par Skype.

- **Gatekeeper** : est considéré comme le cerveau du réseau H.323. Il s'agit d'un point de focalisation pour tous les appels du réseau H.323. Bien qu'il ne soit pas nécessaire, le Gatekeeper est un objet commode du réseau H.323. C'est celui qui se charge d'autoriser les appels d'authentifier les utilisateurs, d'établir une comptabilité de contrôler la bande passante, il peut également fournir des services de routage. Un Gatekeeper administre un ensemble de réseaux de terminaux.

3. Principe de fonctionnement :

Depuis nombreuses années, il est possible de transmettre un signal à une destination éloignée sous forme de données numériques. Avant la transmission, il faut numériser le signal à l'aide d'un CAN (convertisseur analogique-numérique). Le signal est ensuite transmis, pour être utilisable, il doit être transformé de nouveau en un signal analogique, à l'aide d'un CNA (Convertisseur numérique-analogique). La VOIP fonctionne par numérisation de la voix, puis par reconversion des paquets numériques en voix à l'arrivée. Le format numérique est plus facile à contrôler, il peut être compressé, routé et converti en un nouveau format meilleur. Le signal numérique est plus tolérant au bruit que l'analogique. Les réseaux TCP/IP sont des supports de circulation de paquets IP contenant un en-tête (pour contrôler la communication) et une charge utile pour transporter les données.il existe plusieurs protocoles qui peuvent supporter la voix sur IP tel que le H.323, SIP et MGCP.

Les deux protocoles les plus utilisées actuellement dans les solutions VOIP présentes sur le marché sont le H.323 et le SIP.

4. Les protocoles de signalisation :
a. Le protocole H 323 :

Description général :

Le standard H.323 a été conçu par l'ITU-T. Il spécifie les composants, protocoles et procédures permettant la mise en place d'un service multimédia sur un réseau à transmission par paquets (LAN, WAN…). H.323 fait partie d'une série de recommandations qui, toutes décrivent des transmissions multimédia mais sur des réseaux différents. H323 transmet des informations multimédia sur des réseaux à paquets commutés sans garantie de bande passante. Ce standard est valable pour la VOIP car il permet de transmettre uniquement la voix et des données. Il est constitué par un ensemble de protocoles permettant des communications entre plusieurs équipements basés sur le modèle H.323. C'est une famille de protocoles qui sont utilisés pour l'établissement ou la clôture d'un appel, l'enregistrement des postes, l'authentification des utilisateurs, ainsi que bien d'autres services. Ceux-ci sont transportés sur un réseau IP à travers des protocoles TCP ou UDP.

Le fonctionnement de H323:

Exemple d'appel :

1+1' -> L'appel (Nécessite une autorisation)

2 -> La conversation

3 -> Raccrochage

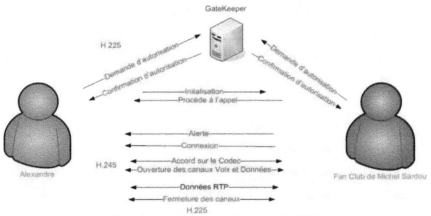

figure3 : fonctionnement du protocole H323

<u>Avantages et inconvénients de la technologie H323 :</u>

La technologie H.323 possède des avantages et des inconvénients. Parmi les avantages, nous citons :

- ***Gestion de la bande passante*** : H.323 permet une bonne gestion de la bande passante en posant des limites au flux audio/vidéo afin d'assurer le bon fonctionnement des applications critiques sur le LAN. Chaque terminal H.323 peut procéder à l'ajustement de la bande passante et la modification du débit en fonction du comportement du réseau en temps réel (latence, perte de paquets et gigue).
- ***Support Multipoint*** : H.323 permet de faire des conférences multipoint via une structure centralisée de type MCU (Multipoint Control Unit) ou en mode ad-hoc.
- ***Support Multicast*** : H.323 permet également de faire des transmissions en multicast.

Pour les inconvénients :

- Implémentation de nombreuses normes propriétaires

- Problème avec les firewalls : ouverture nombreux ports UDP et TCP quelques ports aléatoires.
- La complexité de mise en œuvre et les problèmes d'architecture en ce qui concerne la convergence des services de téléphonie et d'Internet, ainsi qu'un manque de modularité et de souplesse.

b. Le protocole SIP :

Description :

Le protocole SIP (Session Initiation Protocol) a été initié par le groupe MMUSIC (Multiparty Multimedia Session Control) et est désormais repris et maintenu par le groupe SIP de l'IETF. SIP est un protocole de signalisation appartenant à la couche application du modèle OSI. Son rôle est d'ouvrir, modifier et libérer les sessions. L'ouverture de ces sessions permet de réaliser de l'audio ou vidéoconférence, de l'enseignement à distance, de la voix (téléphonie) et de la diffusion multimédia sur IP essentiellement. De même SIP participe à toutes les étapes de la communication entre deux utilisateurs.

Principe de fonctionnement :

Puisque on choisira le protocole SIP pour effectuer notre travail, on s'approfondira à expliquer les différents aspects, caractéristiques qui font du protocole SIP un bon choix pour l'établissement de la session.

Les principales caractéristiques du protocole SIP sont :

Fixation d'un compte SIP :

Il est important de s'assurer que la personne appelée soit toujours joignable. Pour cela, un compte SIP sera associé à un nom unique. Par exemple, si un utilisateur d'un service de voix sur IP dispose d'un compte SIP et que chaque fois qu'il redémarre son ordinateur, son adresse IP change, il doit cependant toujours être joignable. Son compte SIP doit donc être associé à un serveur SIP (proxy SIP) dont l'adresse IP est fixe. Ce serveur lui allouera un compte et il permettra d'effectuer ou de recevoir des appels quelques soit son emplacement. Ce compte sera identifiable via son nom (ou pseudo).

- *Changement des caractéristiques durant une session :*

Un utilisateur doit pouvoir modifier les caractéristiques d'un appel en cours. Par exemple, un appel initialement configuré en (voix uniquement) peut être modifié en (voix + vidéo).

- *Différents modes de communication :*

Avec SIP, les utilisateurs qui ouvrent une session peuvent communiquer en mode point à point, en mode diffusif ou dans un mode combinant ceux-ci.

✓ *Mode Point à point* : on parle dans ce cas-là d'«unicast » qui correspond à la communicationentre deux machines.
✓ *Mode diffusif* : on parle dans ce cas-là de « multicast » (plusieurs utilisateurs via une unité de contrôle MCU – Multipoint Control Unit).

✓ *Combinatoire :* combine les deux modes précédents. Plusieurs utilisateurs interconnectés en multicast via un réseau à maillage complet de connexion.

- *Gestion des participants :*

Durant une session d'appel, de nouveaux participants peuvent joindre les participants d'une session déjà ouverte en participant directement, en étant transférés ou en étant mis en attente (cette particularité rejoint les fonctionnalités d'un PABX par exemple, où l'appelant peut être transféré vers un numéro donné ou être mis en attente).

- *Adressage :*

Les utilisateurs disposant d'un numéro (compte) SIP disposent d'une adresse ressemblant à une adresse mail (sip:numéro@serveursip.com).

Le numéro SIP est unique pour chaque utilisateur.

- *Modèle d'échange :*

Le protocole SIP repose sur un modèle Requête/Réponse, les échanges entre un terminal appelant et un terminal appelé se font par l'intermédiaire de requêtes. La liste des requêtes échangées est la suivante :

✓ *Invite* : cette requête indique que l'application (ou utilisateur) correspondante à l'url SIP spécifié est invité à participer à une session. Le corps du message décrit cette session (par ex : médias supportés par l'appelant). En cas de réponse favorable, l'invité doit spécifier les médias qu'il supporte.
✓ *Ack :* cette requête permet de confirmer que le terminal appelant a bien reçu une réponse définitive à une requête Invite.

- ✓ *Options* : un proxy server en mesure de contacter l'UAS (terminal) appelé, doit répondre à une requête Options en précisant ses capacités à contacter le même terminal.
- ✓ *Bye* : cette requête est utilisée par le terminal de l'appelé à fin de signaler qu'il souhaite mettre un terme à la session.
- ✓ *Cancel* : cette requête est envoyée par un terminal ou un proxy server à fin d'annuler une requête non validée par une réponse finale comme, par exemple, si une machine ayant été invitée à participer à une session, et ayant accepté l'invitation ne reçoit pas de requête Ack, alors elle émet une requête Cancel.
- ✓ *Register* : cette méthode est utilisée par le client pour enregistrer l'adresse listée dans l'URL TO par le serveur auquel il est relié.

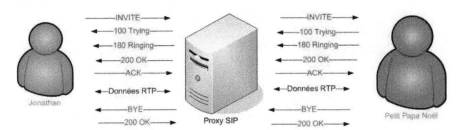

Figure4 : fonctionnement du proxy SIP

Exemple d'appel:

1 -> L'appel

2 -> La conversation

3 -> Raccrochage

Rôle de composants :

Dans un système SIP on trouve deux types de composantes, les agents utilisateurs (UAS, UAC) et un réseau de serveurs (Registrar, Proxy).

- **L'UAS** (User Agent Server) représente l'agent de la partie appelée. C'est une application de type serveur qui contacte l'utilisateur lorsqu'une requête SIP est reçue. Et elle renvoie une réponse au nom de l'utilisateur.
- **L'U.A.C** (User Agent Client) représente l'agent de la partie appelante. C'est une application de type client qui initie les requêtes.
- Le **Registrar** est un serveur qui gère les requêtes REGISTER envoyées par les Users Agents pour signaler leur emplacement courant. Ces requêtes contiennent donc une adresse IP, associée à une URI, qui seront stockées dans une base de données.
- Les **URI SIP** sont très similaires dans leur forme à des adressesemail : sip:utilisateur@domaine.com. Généralement, des mécanismes d'authentification permettent d'éviter que quiconque puisse s'enregistrer avec n'importe quelle URI.

Avantages et inconvénients :

Ouvert, standard, simple et flexible sont les principales avantages du protocole SIP, voilà en détails ces différents avantages :

- Ouvert : les protocoles et documents officiels sont détaillés et accessibles à tous en téléchargement.
- Standard : l'IETF a normalisé le protocole et son évolution continue par la création ou l'évolution d'autres protocoles qui fonctionnent avec SIP.
- Simple : SIP est simple et très similaire à http.
- Flexible : SIP est également utilisé pour tout type de sessions multimédia (voix, vidéo, mais aussi musique, réalité virtuelle, etc.).

- Téléphonie sur réseaux publics : il existe de nombreuses passerelles (services payants) vers le réseau public de téléphonie (RTC, GSM, etc.) permettant d'émettre ou de recevoir des appels vocaux.
- Points communs avec H323 : l'utilisation du protocole RTP et quelques codecs son et vidéo sont en commun.

Par contre une mauvaise implémentation ou une implémentation incomplète du protocole SIP dans les User Agents peut perturber le fonctionnement ou générer du trafic superflu sur le réseau. Un autre inconvénient est le faible nombre d'utilisateurs : SIP est encore peu connu et utilisé par le grand public, n'ayant pas atteint une masse critique, il ne bénéficie pas de l'effet réseau.

Etude comparative entre SIP et H323 :

Les deux protocoles SIP et H323 représentent les standards définis jusqu'à présent pour la signalisation à propos de la téléphonie sur Internet .Ils présentent tous les deux des approches différentes pour résoudre un même problème. H323 est basé sur une approche traditionnelle du réseau à commutation de circuits. Quant à SIP, il est plus léger car basé sur une approche similaire au protocole http. Tous les deux utilisent le protocole RTP comme protocole de transfert des données multimédia.

Au départ H323 fut conçu pour la téléphonie sur les réseaux sans QoS, mais on l'adopta pour qu'il prenne en considération l'évolution complexe de la téléphonie sur internet. La complexité de H323 provient encore du fait de la nécessité de faire appel à plusieurs protocoles Simultanément pour établir un service, par contre SIP n'a pas ce problème.

5. Les protocoles de transport:

Nous décrivons deux autres protocoles de transport utilisés dans la voix sur IP à savoir le **RTP** et le **RTCP** :

a. RTP :

RTP (Real time Transport Protocol), standardisé en 1996, est un protocole qui a été développé par l'IETF afin de faciliter le transport temps réel de bout en bout des flots donnés audio et vidéo sur les réseaux IP, c'est à dire sur les réseaux de paquets. RTP est un protocole qui se situe au niveau de l'application et qui utilise les protocoles sous-jacents de transport TCP ou UDP. Mais l'utilisation de RTP se fait généralement au-dessus d'UDP ce qui permet d'atteindre plus facilement le temps réel. Les applications temps réels comme la parole numérique ou la visioconférence constitue un véritable problème pour Internet. Qui dit application temps réel, dit présence d'une certaine qualité de service (QoS) que RTP ne garantit pas du fait qu'il fonctionne au niveau Applicatif. De plus RTP est un protocole qui se trouve dans un environnement multipoint, donc on peut dire que RTP possède à sa charge, la gestion du temps réel, mais aussi l'administration de la session multipoint.

Parmi les principales fonctions qu'offre le protocole RTP sont les suivants :

Mettre en place un séquencement des paquets par une numérotation et ce afin de permettre ainsi la détection des paquets perdus. Ceci est un point primordial dans la reconstitution des données. Mais il faut savoir quand même que la perte d'un paquet n'est pas un gros problème si les paquets ne sont pas perdus en trop grands nombres. Cependant il est très important de savoir quel est le paquet qui a été perdu afin de pouvoir pallier à cette perte.

Identifier le contenu des données pour leurs associer un transport sécurisé et reconstituer la base de temps des flux (horodatage des paquets : possibilité de resynchronisation des flux par le récepteur)

L'identification de la source c'est à dire l'identification de l'expéditeur du paquet. Dans un multicast l'identité de la source doit être connue et déterminée.

Transporter les applications audio et vidéo dans des trames (avec des dimensions qui sont dépendantes des codecs qui effectuent la numérisation). Ces trames sont incluses dans des paquets afin d'être transportées et doivent, de ce fait, être récupérées facilement au moment de la phase de segmentation des paquets afin que l'application soit décodée.

b. RTCP :

Le protocole RTCP est fondé sur la transmission périodique de paquets de contrôle à tous les participants d'une session. C'est le protocole UDP (par exemple) qui permet le multiplexage des paquets de données RTP et des paquets de contrôle RTCP. Le protocole RTP utilise le protocole RTCP, Real-time Transport Control Protocol, qui transporte les informations supplémentaires suivantes pour la gestion de la session. Les récepteurs utilisent RTCP pour renvoyer vers les émetteurs un rapport sur la QoS. Ces rapports comprennent le nombre de paquets perdus, le paramètre indiquant la variance d'une distribution (plus communément appelé la gigue : c'est à dire les paquets qui arrivent régulièrement ou irrégulièrement) et le délai aller-retour. Ces informations permettent à la source de s'adapter, par exemple, de modifier le niveau de compression pour maintenir une QoS.

Parmi les principales fonctions qu'offre le protocole RTCP sont les suivants :

- L'identification des participants à une session : en effet, les paquets RTCP contiennent des informations d'adresses, comme l'adresse d'un message électronique, un numéro de téléphone ou le nom d'un participant à une conférence téléphonique.

- Le contrôle de la session : en effet le protocole RTCP permet aux participants d'indiquer leur départ d'une conférence téléphonique (paquet Bye de RTCP) ou simplement de fournir une indication sur leur comportement.

Le protocole RTCP demande aux participants de la session d'envoyer périodiquement les informations citées ci-dessus. La périodicité est calculée en fonction du nombre de participants de l'application. On peut dire que les paquets RTP ne transportent que les données des utilisateurs. Tandis que les paquets RTCP ne transportent en temps réel, que de la supervision.

6. Points forts et limites de la voix sur IP:

Différentes sont les raisons qui peuvent pousser les entreprises à s'orienter vers la VOIP comme solution pour la téléphonie. Les avantages les plus marqués sont :

- *Réduction des coûts :* En effet le trafic véhiculé à travers le réseau RTC est plus couteux que sur un réseau IP. Réductions importantes pour des communications internationales en utilisant le VoIP, ces réductions deviennent encore plus intéressantes dans la mutualisation voix/données du réseau IP intersites (WAN). Dans ce dernier cas, le gain est directement proportionnel au nombre de sites distants.
- *Un réseau voix, vidéo et données (à la fois) :* Grace à l'intégration de la voix comme une application supplémentaire dans un réseau IP, ce dernier va simplifier la gestion des trois applications (voix, réseau et vidéo) par un seul transport IP. Une simplification de gestion, mais également une mutualisation des efforts financiers vers un seul outil.
- *Un service PABX distribué ou centralisé :* Les PABX en réseau bénéficient de services centralisés tel que la messagerie vocale et la taxation. Cette même centralisation continue à être assurée sur un réseau VOIP sans limitation du

nombre de canaux. Il convient pour en assurer une bonne utilisation de dimensionner convenablement le lien réseau. L'utilisation de la VOIP met en commun un média qui peut à la fois offrir à un moment précis une bande passante maximum à la donnée, et dans une autre période une bande passante maximum à la voix, garantissant toujours la priorité à celle-ci.

Les points faibles de la voix sur IP sont :

- *Fiabilité et qualité sonore :* un des problèmes les plus importants de la téléphonie sur IP est la qualité de la retransmission qui n'est pas encore optimale. En effet, des désagréments tels la qualité de la reproduction de la voix du correspondant ainsi que le délai entre le moment où l'un des interlocuteurs parle et le moment où l'autre entend peuvent être extrêmement problématiques. De plus, il se peut que des morceaux de la conversation manquent (des paquets perdus pendant le transfert) sans être en mesure de savoir si des paquets ont été perdus et à quel moment.

- *Dépendance de l'infrastructure technologique et support administratif exigeant :* les Centres de relations IP peuvent être particulièrement vulnérables en cas improductivité de l'infrastructure. Par exemple, si la base de données n'est pas disponible, les centres ne peuvent tout simplement ne pas recevoir d'appels. La convergence de la voix et des données dans un seul système signifie que la stabilité du système devient plus importante que jamais et l'organisation doit être préparée à travailler avec efficience ou à encourir les conséquences.

- *Vol :* les attaquants qui parviennent à accéder à un serveur Voiip peuvent également accéder aux messages vocaux stockés et au même au service téléphonique pour écouter des conversations ou effectuer des appels gratuits aux noms d'autres comptes.

- *Attaque de virus :* si un serveur VOIP est infecté par un virus, les utilisateurs risquent de ne plus pouvoir accéder au réseau téléphonique. Le virus peut également infecter d'autres ordinateurs connectés au système.

CHAPITRE III

Mise en place de la solution IP

I-Etude et analyse de l'existant

1. Présentation de l'existant

La société **BRIOSS Technologie** regroupe un parc informatique de plusieurs ordinateurs en environnement Microsoft et Linux, L'architecture du réseau de l'entreprise est mise en place de la manière suivante :

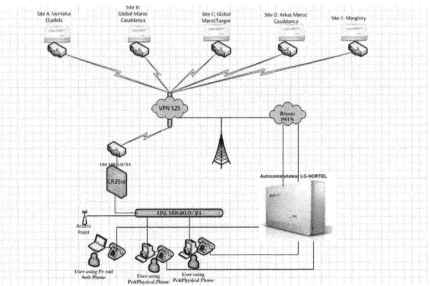

Figure 5 : Schéma de l'existant

2. Critique de l'existant

Suite à l'étude de l'architecture de l'entreprise et des **exigences** demandés… ; une analyse a été faite et ceci suivant chaque demande établit par le donneur d'ordre, car c'est à partir de celle-ci qu'il y a des solutions peuvent être apportées afin de rendre le système plus fiable, rentable, efficace et sur.

En ce qui concerne la procédure, l'exigence de la société du fait d'avoir une solution téléphonique à moindre coût pour l'installation, configuration et même pour la communication, vu que celle-ci, la facturation mensuelle vient trop chère parce qu'il y a beaucoup de communication avec les clients, aussi un problème de câblage qui est spécifiques et différents des ordinateurs.

Alors il faudrait penser à porter la voix en utilisant le câblage des données et par un biais public qui est *l'Internet* sans passer par le réseau PSTN quand la communication concerne nos clients avec lesquels nous avons des connexions VPN et penser à passer Voix en utilisant le câblage de la partie données .Ainsi il faudrait penser en premier lieu à réaliser un moyen pour sécuriser l'intranet de la société des autres utilisateurs d'*Internet*.

Tous les sites doivent pouvoir communiquer entre eux .Et il est aussi préférable que les conversations ne soient pas espionnées par les internautes, alors ils doivent être sécurisée.

Cette société devra communiquer avec ses utilisateurs gratuitement même quand ils sont en déplacement et communiquer sans encombre qu'il soit.

Il faut aussi garantir la confidentialité des données, la disponibilité du serveur et une gestion de celle-ci.

Prévoir aussi une communication gratuite entre les partenaires et la société mais celle-ci peut être souple car ceux-ci peuvent changer dans l'avenir et il faut qu'il puisse communiquer facilement et de façon sécurisée avec la société et d'une manière fréquente.

En bref, suite à cette analyse plusieurs solutions peuvent être apportées, mais il faut

Mettre en place la meilleure, et qui pourra être bénéfique et durable pour **la société** qui n'est autre qu'un serveur **Elastix.**

Cependant, à partir de cette analyse, un cahier de charge a pu être établit et celui-ci me permettra de réaliser une bonne solution plus souple et mieux adaptée aux Technologies actuelles.

II- Mise en pratique de la solution

1. Schéma de la solution

Après avoir fait une analyse de l'existant, nous avons a pu établir le schéma ci-après :

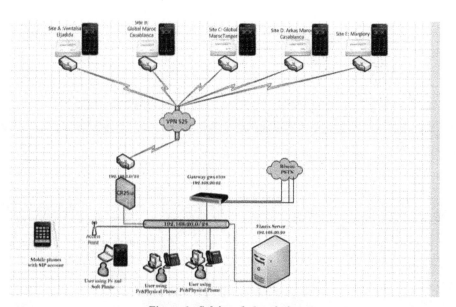

Figure 6 : Schéma de la solution

2. Installation du Serveur Elastix (IPBABX)

a. Présentation de l'Elastix

Elastix est une solution logicielle qui intègre les meilleurs outils disponibles pour les PABX basés sur Asterisk dans une interface simple et facile à utiliser. Elle ajoute aussi ses propres paquets d'utilitaires et s'autorise par la création de modules tiers, à devenir la meilleure solution logicielle disponible pour la téléphonie open source. Les avantages d'Elastix sont la fiabilité, la modularité et la facilité d'utilisation. Ces caractéristiques ajoutées à la forte capabilité de rapports font de lui le meilleur choix pour implémenter un PABX basé sur Asterisk. Les fonctions fournies par Elastix sont nombreuses et variées. Elastix intègre plusieurs suites logicielles, chacune incluant ses propres ensembles de grandes fonctions. Toutefois, Elastix ajoute une nouvelle interface pour le contrôle et le rapport lui appartenant, pour devenir une suite complète. Quelques-unes des fonctions fournies nativement par Elastix sont:

- Support VIDEO. Vous pouvez utiliser des visiophones avec Elastix !
- Support de Virtualisation. Vous pouvez exécuter plusieurs machines virtuelles Elastix dans
le même serveur.
- Interface Web utilisateur vraiment agréable.
- "Fax vers email" pour les fax entrants. Vous pouvez également envoyer n'importe quel document numérique vers un numéro de fax à travers une imprimante virtuelle.
- Interface de facturation.
- Configuration graphique des paramètres réseau.
- Rapport de l'utilisation des ressources.
- Option de redémarrage/arrêt à distance.
- Rapports des appels entrants/sortants et de l'utilisation des canaux.
- Module de messagerie vocale intégré.
- Interface Web pour la messagerie vocale.
- Module panneau opérateur intégré.
- Modules supplémentaires carte d'appels et SugarCRM inclus.
- Section Téléchargements d'outils communément utilisés.

• Interface d'aide intégré.

• Serveur de messagerie instantanée (Openfire) intégré.

• Support Multilingue. Langues supportées incluant:

• Serveur Email intégré incluant le support multi-domaines.

• Interface email basée web.

b. Installation d'Elastix

Insérez le CD d'installation Elastix au démarrage de la machine. Après le démarrage, l'écran suivant apparaitra :

Figure 7 : Démarrage de l'installation d'Elastix

• Si vous êtes un utilisateur expert, vous pouvez entrer en mode avancé en tapant la commande : *Advanced*

• Sinon, attendez et le CD d'installation lancera l'installation automatiquement ou vous pouvez presser Entrée.

• Procéder à la sélection du type de clavier correspondant à votre langue. Si votre clavier est Français, sélectionnez l'option Fr :

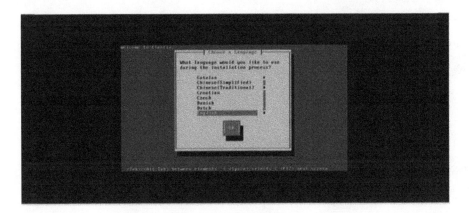

Figure 8 : Procédure de la sélection de la langue

- A continuation nous sellecionons la zone horaire de notre région qui est Africa/Casablanca :

Figure 9 : Sélection de la zone horaire du serveur Eslastix

- Nous introduisons le mot de passe qui sera utilisé par l'administrateur Elastix. Ayez à l'esprit que c'est une partie critique de la sécurité du système.

Figure 10 : Politique de mettre le mot de passe root du serveur Elasix

- Il se démarre un processus d'installation automatiquemant :

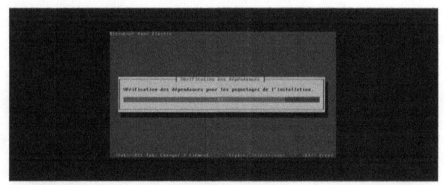

Figure 11 : le démarrage d'installation automatique des paquets Elastix

• Une fois s'est installé tous les paquets, le CD s'éjecte et le système redémarre et il apparait l'écran de bienvenus suivant :

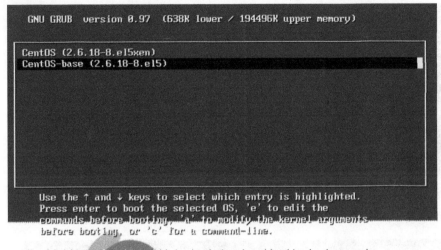

GNU GRUB version 0.97 (638K lower / 194496K upper memory)

```
CentOS (2.6.18-8.el5xen)
CentOS-base (2.6.18-8.el5)
```

Use the ↑ and ↓ keys to select which entry is highlighted.
Press enter to boot the selected OS, 'e' to edit the
commands before booting, 'a' to modify the kernel arguments
before booting, or 'c' for a command-line.

The highlighted entry will be booted automatically in 1 seconds.

Figure 12 : redémarrage du serveur Elastix après la finalisation de l'installation

c. Configuration de données IP du serveur

Notre serveur dispose de deux cartes de double entré de réseau pour configurer 2 types d'adressage différents, un pour l'administration de Astérisk (192.168.20.21/24 et autre pour le trafic IP des téléphones physiques (192.168.20.20).

Identifiez-vous en tant qu'utilisateur root et entrez le mot de passe spécifié au début de l'installation.

```
CentOS release 5 (Final)
Kernel 2.6.18-8.el5 on an i686

elastix login: root
Password: _
```

Figure13 : demande d'authentification d'elastix en tant que Root en mode commande

Et en mode de commande nous entrons les lignes de commandes ci-après :

• Pour assigner l'IP et le masque de sous réseau:

ifconfig eth0 192.168.20.20 netmask 255.255.255.0
ifconfig eth1 192.168.20.21 netmask 255.255.255.0

• Pour assigner le Gateway: *route add default gw 192.168.20.1 eth0*

- De cette mode, si maintenant nous introduisons l'adresse https://192.168.20.20 nous accédons au mode d'administration par web de l'Elastix.

Figure 14 : Accès par Web au serveur Elastix

3. Création d'une nouvelle extension

Pour créer une "Nouvelle Extension", allez au menu "PBX" qui par défaut, arrive à la Section "Configuration PABX"; dans cette section, choisissez l'option "Extensions" sur le panneau gauche. Maintenant vous pouvez créer une nouvelle extension.

Tout d'abord, choisissez le dispositif parmi les options disponibles:

• **Generic SIP Device :** SIP est le protocole standard pour les combinés VoIP et ATA.

• **Generic IAX2 Device :** IAX est le 'Protocole Inter Asterisk', un nouveau protocole supporté par seulement quelques périphériques (eg, téléphones basés PA1688, et les IAX et ATA).

• **Generic ZAP Device :** ZAP est un périphérique matériel connecté à votre machine Asterisk (Eg, carte TDM400, TE110P).

• **Other (Custom) Device :** Personnalisé est un 'fourre-tout' pour n'importe quel Périphérique non standard (egH323). Il peut aussi être utilisé pour "mapper" une extension vers un numéro "externe".

Une fois que le périphérique correct a été choisi, cliquez sur "Submit".
Note: Maintenant vous devez procéder au renseignement des champs nécessaires (Obligatoire) pour créer une nouvelle extension.
Continuez à entrer les informations correspondantes :

Figure 15 : Champs de création des extensions

• **User Extension (ex : 203)** : Elle doit être unique. C'est le numéro qui peut être appelé de n'importe qu'elle autre extension, ou directement du réceptionniste numérique s'il est activé. Elle peut être de n'importe qu'elle longueur, mais conventionnellement, un numéro de 3 ou 4 chiffres est utilisé.

• **Display Name (nelmogfir)** : Le nom d'identification de l'appelant pour les appels de cet utilisateur affichera ce nom. Entrez seulement le nom, pas le numéro.

• **Secret (brioss2012)** : C'est le mot de passe utilisé par le périphérique téléphonique pour s'authentifier sur le serveur Asterisk. Il est habituellement configuré par l'administrateur avant de donner le téléphone à l'utilisateur, et il n'est pas nécessaire qu'il soit connu par l'utilisateur. Si l'utilisateur utilise un logiciel de téléphonie, alors il aura besoin de ce mot de passe pour configurer son logiciel.

4. Configuration du téléphone IP et Soft phone (Grand Stream GWP2120)

a. Présentation

Téléphone physique qui dispose de touches plus ou moins évoluées selon l'investissement.

Les marques les plus connues sont Cisco, Grand Stream ,Aastra et Snom. Avec ces téléphones on peut mettre en attente l'appelant, transférer des appels, les parquer ou encore disposer de voyants BLF (diodes indiquant le statut des autres collaborateurs) , dans notre cas nous avons opté pour Grand Stream.

b. configuration

A partir d'un navigateur, tapez l'adresse IP du téléphone http://192.168.20.23 , et introduisez le mot de passe, par défaut est « admin »

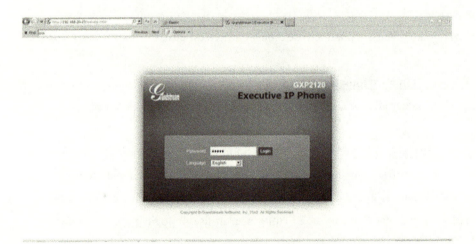

Figure 16 : Interface d'administration des IP Phones

Allez à l'option Network qui permet de visualiser et de configurer les paramètres réseau du téléphone.

Figure 17: interface de paramétrage réseaux de l'appareil téléphonique

Après aller à l'option Account pour procéder à l'enregistrement d'un compte SIP :

Figure 18 : interface d'enregistrement d'un compte SIP

Une fois le paramétrage fini, aller à l'option Statut, pour vérifier si le téléphone a été bien enregistré, comme vous voyez dans le capture d'écran ci-après, le champ « SIP registration » est en vert « yes », donc il est bien enregistré.

Figure 19 : interface des statuts des comptes SIP

5. configuration d'un soft phone de type 3CX

a. Soft Phone

Logiciel sur un ordinateur, la communication se fait à l'aide d'un casque/micro.

3CX propose le 3CX Phone mais d'autres solutions existent, comme X-lite ,et Ekiga ,
mais dans notre cas nous avons opté pour 3cx.

b. Présentation

3CXPhone est une petite application Windows qui vous permet de passer et de
recevoir des appels via un casque directement branché sur votre ordinateur.
3CXPhone est simple à installer et à utiliser, et peut être directement relié au système
téléphonique 3CX grâce au

Tunnel 3CX. Vous pouvez l'utiliser simultanément avec le téléphone de bureau
(c'est-à-dire que le téléphone logiciel et le téléphone classique peuvent tous deux être
enregistrés sous le même numéro d'extension). 3CXPhone peut être installé comme
composant au moment de l'installation de l'Assistant 3CX, ou bien être téléchargé
séparément.

c. Enregistrement

Nous allons enregistrer notre1ère extension via le logiciel 3CX Phone. Il suffit de renseigner les paramètres SIP et spécifier l'adresse du serveur SIP (192.168.20.20) et validez tout par ok.

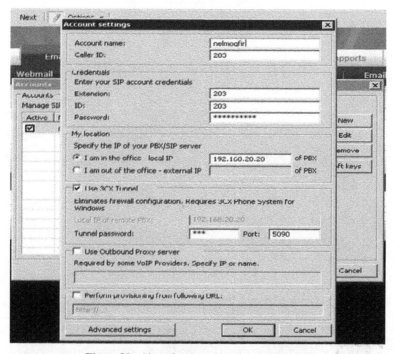

Figure 20 : Ajout du paramètre des comptes SIP

Comme vous voyez Le téléphone est maintenant enregistré : **« nelmogfir » On Hook**

Figure 21 : soft phone 3CX enregistré

6. Test des appels entre un Soft phone et téléphone IP

Afin de l'enregistrement des téléphone IP et le soft phone, nous avons essayé de faire des tests en appelant d'un téléphone à l'autre, comme vous voyez ci-après le test a été fait entre un soft phone et IP Phone, comme vous pouvez le voir ci-après l'appel a été bien établie entre les deux appareils.

Calling

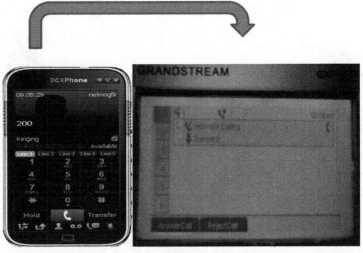

Figure 22 : communication entre le soft phone et le téléphone physique

7. Installation et configuration de la Gateway

a. Présentation

La GXW410x est une solution de communication IP facile à gérer, facile à configurer pour toute petite entreprise ou les entreprises avec des branches virtuelles qui veulent tirer leur réseau à large bande et / ou ajouter de nouvelle technologie IP à leur système téléphonique actuel. La passerelle analogique Grand Stream convertit les appels SIP/RTP IP à des appels RTC traditionnels. Il existe deux modèles

La GXW4104 et GXW4108, qui ont soit 4 et 8 ports FXO respectivement. L'installation est identique pour les deux modèles.

Un serveur Proxy SIP tel qu'Asterisk ou un serveur d'enregistrement SIP peuvent être déployés avec la GXW410x. Dans ce contexte, le serveur SIP gère l'enregistrement et le contrôle d'appel et la GXW410x exécute la conversion du media entre les appels IP et PSTN. Par sa conception, le système prend en charge les tonalités de progression et la signalisation standards du coté PSTN pour tout appel en Amérique du Nord.

b. Configuration de la passerelle Grand Stream GXW-4104 / GXW-4108

1. Connectez la passerelle Grand Stream GXW-4108 au réseau et allumez-la. Le matériel va démarrer et prendra l'IP 192.168.0.160 par défaut.

2. Maintenant naviguez jusqu'à l'adresse suivante: http://192.168.0.160.

3. Entrez le mot de passe par défaut 'admin' et cliquez sur 'OK'

4. Nous devons changer l'adresse IP de celle qui est par défaut 192.168.0.160 /24 à
192.168.20.22/24 (qui fait partie de notre plage d'adressage)

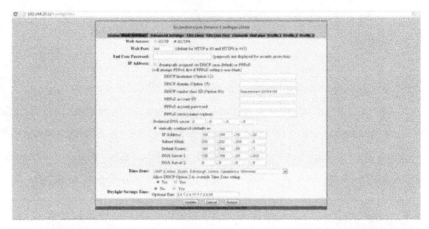

Figure 23 : interface du changement des paramètres IP de la passerelle

5. Rendez-vous sur la page « **Profil** 1 »:

a. Saisissez l'adresse IP du serveur Elastix dans le champ « SIP SERVER »
b. Mettez le « enregistrement SIP » sur « Oui »
c. Cliquez sur le bouton « Mettre à jour »

Figure 24 : interface de configuration d'un profil SIP

5. Cliquez sur l'onglet **"Canaux"** en haut de la page. Dans le champ "Nombre des paramètres du téléphone» les lignes représentent les 8 lignes RTC reliées à la passerelle. Configurez chaque ligne comme suit:

a. Le "canal" champ doit contenir le numéro de port pour la ligne. Normalement 1 pour la première ligne est activée, 2 pour la seconde ligne activée, et ainsi de suite.

b. Le "SIP User ID" champ doit correspondre au champ de ligne interne « Numéro de la ligne créée pour cette ligne RTC » dans la console d'administration d'Elastix.

C. Dans le "ID d'authentification" et "Mot de passe" entrez l'ID et le mot de passe que vous avez entré pour la ligne dans la console d'administration de Elastix pendant la création du Trunk.

 d. Cliquez sur le bouton "Update" au bas de la page.

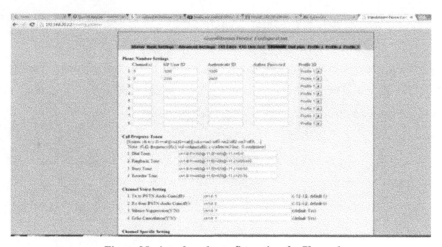

Figure 25 : interface de configuration du Channel

Dans la même page, vous avez besoin de configurer les tonalités d'appel. Par défaut, la passerelle sera livrée avec celles des États-Unis. Si vous installez l'appareil en dehors des États-Unis, ces tonalités d'appels devront être changées. Tout ce que vous devez faire est de copier les chaînes correctes dans les 5 sections. Vous trouverez la chaîne de tonalités d'appels des principaux pays ici pour la Gateway.

Cliquez sur le bouton « Mettre à jour » une fois terminé.

6. Cliquez sur l'onglet "lignes FXO/analogiques" en haut de la page. Puis Configurez cette page comme suit:

a. Réglez le "Stage Method" champ de "ch1-4: 1;"

b. Réglez l '«Appel inconditionnel Envoyer à VOIP« champ d': "ch1-4: 1000 +;" où 1000 est l'ID utilisateur SIP pour la première ligne définie dans la page des "canaux".

C. Cliquez sur le bouton "Mise à jour" en bas de la page.

7. Cliquez sur le bouton "Redémarrer" pour redémarrer la passerelle.

8. Après que la passerelle ait redémarré, retournez à la console d'administration de Elstix , et allez à «Ports / Trunks Statut », où les lignes RTC reliées à la passerelle VoIP devraient être listées avec un voyant d'état vert.

Maintenant le Gateway est prêt pour rediriger les appels du serveur Elastix vers le réseau PSTN et vice versa.

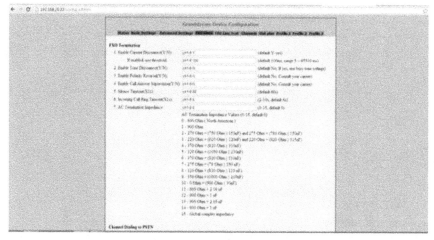

Figure 26 : Interface de configuration des tonalités d'appel

8. Configuration du trunk

Ici on configure les Trunks permettant au serveur d'être connecté aux différents types de lignes. Il y a essentiellement 3 types de Trunks :

• SIP : pour connecter une ligne SIP.
• IAX2 : pour connecter une ligne IAX sur un serveur Asterisk par exemple.
• DAHDI : pour connecter une ligne Analogique grâce à une interface FXO ou ISDN grâce à une interface ISDN.

Par ailleurs il y a les trunk ENUM qui permettent de téléphoner gratuitement entre serveurs VOIP privés enregistrés sur un serveur ENUM.

Dans notre cas nous allons utiliser un Trunk SIP en suivant les étapes suivants :

• Cliquer sur « Ajout d'un Trunk »

Figure 27 : Champs de configuration du Trunk SIP

a. General Settings

• **Trunk Name :** nom indicatif du trunk **"1000"**

• **Outbound Caller ID** : Nom et numéro de l'appelant pour un appel sortant. Par défaut les valeurs sont celles de l'extension **"1000"**

• A l'origine de l'appel. Si ce champ n'est pas vide, la valeur sera réécrite par le Trunk, effaçant celle donnée par l'extension. La syntaxe est la suivante : "Mon Nom" **<1000>,** où 022XXXXXX est le numéro de téléphone, – « X » : correspond à un chiffre entre 0 et 9.

• **Maximum channels :** Contrôle le nombre maximal de canaux sortants (appels simultanés) qui peut être utilisé sur cette ligne.

• **Monitor Trunk Failures :** Permet d'exécuter un script AGI prévenant que le Trunk rencontre un problème, nous le laissons vide pour notre cas.

• **Dial Rules :** définit les règles de numérotation, en ajoutant un préfixe ou en enlevant un préfixe. Mettre une règle par ligne. Le système appliquera la première règle compatible à partir du haut. On peut utiliser les caractères suivants :

• **Trunk Name :** nom indicatif du trunk.

• **PEER Détails :** permet de configurer le trunk pour les appels sortant. Pour connecter le trunk à une ligne SIP sur un serveur Asterisk,

Figure 28: Paramétrage de la connexion de la passerelle avec le Trunk SIP

9. Création d'une route entrante

Permet d'établir des règles d'aiguillage des appels arrivant depuis les Trunks

a.) Fonctionnement

Lorsqu'un appel arrive vers un trunk, l'aiguillage sera fait en fonction du DIDnumber avec lequel le trunk est enregistré et du CallerID de l'appelant si la ligne téléphonique transmet aussi le CallerID. Le DIDnumber sera alors comparé aux numéros des extension et des Direct DID des extension. S'il ne trouve pas d'issue, il sera alors comparé aux caractéristiques des Inbound Routes, de la première vers la dernière. L'appel sera alors aiguillé selon la première route conforme à l'appel.

b.) Configuration

– Dans le menu « Setup », cliquer sur « routes entrantes « puis sur « Ajouter une route entrante »

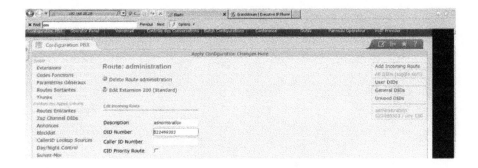

Figure 29 : paramétrage de la route entrante

• **Description** : nom donné à la route « 522480303»

• **DID Number :** DIDnumber auquel doit être conforme l'appel entrant pour suivre cette route. A noter que ceci ne dépend pas de la personne qui appelle mais du trunk sur lequel arrive l'appel, en effet, le DIDnumber est spécifié dans le registration string du Trunk. On peut utiliser les wildcard X, Z, N… dans le DIDnumber pour prendre en compte plusieurs numéros. Si DID Number est vide alors cette route prendra n'importe quel DID Number.

• **Caller ID Number :** Caller ID auquel doit être conforme l'appel entrant pour suivre cette route. Ceci dépend du numéro depuis lequel la personne appelle, et peut être inexistant si la ligne téléphonique dont on dispose ne donne pas l'identité de l'appelant. On peut utiliser les wildcard X, Z, N… dans le Caller ID Number pour prendre en compte plusieurs numéros. Si Caller ID Number est vide alors cette route prendra n'importe quel Caller ID.

• **Zaptel Channel :** canaux ZAP que prend cette route. Utile uniquement si on utilise des interfaces FXO.

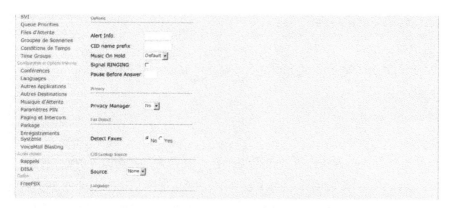

Figure 30 : paramétrage de la route entrante

b. Options :

– **Alert Info :** voir paragraphe « Paramétrage basique de l'extension SIP »

– **CID name prefix :** permet de rajouter un préfixe au CallerID avant de l'aiguiller.

– **Music On Hold :** musique d'attente pour les appels arrivant sur cette route.

– **Signal RINGING :** En fait, quand un téléphone SIP reçoit un appel, il envoie un message Ringing à l'émetteur de l'appel avant de commencer à sonner. Mais si l'appel est orienté vers un IVR au lieu d'un téléphone, i n'y aura pas de message Ringing envoyé

c. Protection :

– **Privacy Manager :** si la valeur est yes, alors si un appel arrive sans CallerID, il lui sera

demandé de composer son numéro à 10 chiffres (il aura 3 tentatives) avant que l'extension ne se mette à sonner. Cela permettra d'avoir toujours un numéro affiché sur le téléphone en recevant un appel avant de décrocher, on peut alors décider de répondre ou non.

10. Création d'une route sortante

Permet d'établir des règles d'aiguillage des appels sortants vers les trunks.

a. Fonctionnement

Lorsqu'un appel sortant est émis, l'aiguillage sera fait en fonction du numéro appelé.

Le numéro appelé sera comparé aux règles autorisées dans chaque Outbound Route en commençant par la première route. Dès qu'une route autorisant ce numéro est rencontrée, l'appel sera traité par cette route.

A noter qu'il est possible de réarranger l'ordre de priorité des routes grâce aux flèches orientées vers le haut et vers le bas.

Par ailleurs, si on utilise le module Custom Contextes, l'ordre de priorité des routes défini dans cette page passera au second plan et n'aura d'effet que si les priorités des routes, définies dans la page du contexte concerné au paragraphe Outbound Routes grâce à au champ Priority.

b. Configuration

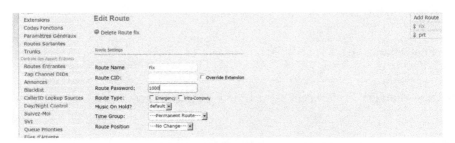

Figure 31 : paramétrage de la route sortante

• **Route Name :** nom à donner à cette route.

• **Route Password :** mot de passe de la route, si on veut protéger cette route par mot de passe.

Il sera demandé à l'appelant pour laisser passer son appel.

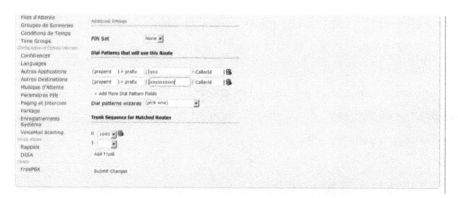

Figure 32 : paramétrage de la route sortante

• **PIN Set :** ce champ n'apparaît que si le module PIN Sets est installé. Si un PIN Set est spécifié alors le champ Route Password sera ignoré et les mots de passe de la route seront ceux spécifiés dans le PIN Set utilisé.

• **Emergency Dialing :** indique que cette route sert pour les appels d'urgence. Le Caller ID sera alors remplacé par le Emergency CID de l'extension.

• **Intra Company Route :** si cette route sert à appeler un autre site de l'entreprise à travers les

trunk, alors cette option permet d'utiliser les Caller ID interne au lieu de ceux externes.

• **Music On Hold :** musique d'attente pour la route.

• **Dial Patterns that will use this Route :** patterns autorisés par la route. Mettre un pattern par ligne. On peut utiliser les wildcards X (0-9), Z (1-9), N (2-9), le point "." Qui désigne toute suite de chiffre longue d'au moins 1 caractère et la barre verticale ou pipe | qui indique un préfixe à enlever avant de passer le numéro au trunk. Par exemple 354|[13-68]NXXXX. prend les numéros commençant par 345 ensuite un des chiffres 1, 3, 4, 5,6 ou 8, ensuite un des chiffres de 2 à 9, enfin au moins 5 autres chiffres quelconques. Le numéro sera alors tronqué du préfixe 345 et passé au trunk de la route.

• **Dial patterns wizards :** permet de rentrer des patterns pré-configurés pour les USA, on peut modifier ces modèles en modifiant le code source du web FreePBX.

• **Trunk Sequence** : séquence de trunks pour aiguiller l'appel. La route orientera l'appel vers le premier trunk libre de la liste. Si la communication n'est pas réussie, le système essayera le

trunk suivant. A noter qu'un trunk est considéré occupé s'il y a autant de communications (Entrantes ou sortantes) l'utilisant que ce qui est spécifié pour ce trunk dans Maximum channels.

11.Sauvegarde et restauration

Comme pour tout logiciel il est important de pouvoir garantir une remise ne route rapide en cas d'incident. Elastix dispose d'un système de sauvegarde et de restauration de paramètres complet.

En cas de plantage ou de mise à jour on pourra restaurer ces paramètres dans notre IPBX nouvellement installé. Cet outil est pratique lors des mises à jour majeures pour lesquelles la réinstallation du produit/paquets est nécessaire, ci-après une capture d'écran d'une sauvegarde, que j'ai fait.

Figure 33 : sauvegarde de la configuration du serveur

CHAPITRE IV

Sécurisation de la solution mise en place

La sécurité de la solution mise en place

1) Introduction

L'opportunité de migrer de la téléphonie classique vers la téléphonie IP, peut offert plusieurs avantages pour les entreprises et d'en permettre de bénéficier de nouveaux services tel que vidéoconférence et la transmission des données. L'intégration de ces services dans une seule plateforme nécessite plus de sécurité. Le système VoIP utilise l'Internet, et particulièrement le protocole IP. De ce fait les vulnérabilités de celui-ci.

Les attaques sur les réseaux VoIP peuvent être classées en deux types : les attaques internes et les attaques externes. Les attaques externes sont lancées par des personnes autres que celle qui participe à l'appel, et ils se produisent généralement quand les paquets VoIP traversent un réseau peu fiable et/ou l'appel passe par un réseau tiers durant le transfert des paquets. Les attaques internes s'effectuent directement du réseau local dans lequel se trouve l'attaquant.

Il existe deux principales classes de vulnérabilités sur un environnement VoIP. La première dépend des protocoles utilisés (SIP, H.323...) et la deuxième est reliée aux systèmes sur lesquels les éléments VoIP sont implémentés. Chaque protocole ou service a ses propres vulnérabilités.

2) Attaques sur le protocole

Un appel téléphonique VoIP est constitué de deux parties : la signalisation, qui instaure l'appel, et les flux de media, qui transporte la voix. La signalisation, en particulier SIP, transmet les entêtes et la charge utile (Payload) du paquet en texte clair, ce qui permet à un attaquant de lire et falsifier facilement les paquets. Elle est donc vulnérable aux attaques qui essaient de voler ou perturber le service téléphonique, et à l'écoute clandestine qui recherche des informations sur un compte utilisateur valide, pour passer des appels gratuits par exemple. La signalisation utilise, en général, le port par défaut UDP/TCP 5060.

Le firewall doit être capable d'inspecter les paquets de signalisation et ouvre ce port afin de leurs autoriser l'accès au réseau. Un firewall qui n'est pas compatible aux protocoles de la VoIP doit être configuré manuellement pour laisser le port 5060 ouvert, créant un trou pour des attaques contre les éléments qui écoutent l'activité sur ce port.

Le protocole RTP, utilisé pour le transport des flux multimédia, présente également plusieurs vulnérabilités dues à l'absence d'authentification et de chiffrage. Chaque entête d'un paquet RTP contient un numéro de séquence qui permet au destinataire de reconstituer les paquets de la voix dans l'ordre approprié.

Cependant, un attaquant peut facilement injecter des paquets artificiels avec un numéro de séquence plus élevé. En conséquence, ces paquets seront diffusés à la place des vrais paquets.

Généralement, les flux multimédias contournent les serveurs proxy et circulent directement entre les points finaux. Les menaces habituelles conte le flux de la voix sont l'interruption de transport et l'écoute clandestine.

Les protocoles de la VoIP utilisent TCP et UDP comme moyen de transport et par conséquent sont aussi vulnérables à toutes les attaques contre ces protocoles, telles le détournement de session (TCP) (session Hijacking) et la mystification (UDP) (Spoofing), etc, dans notre cas les appels interne au réseau local l'attaque qui peut menacer notre réseau est le **suivie d'appels.**

3) L'écoute clandestine

L'eavesdropping est l'écoute clandestine d'une conversation téléphonique. Un attaquant avec un accès au réseau VoIP peut sniffer le trafic et décoder la conversation vocale. Des outils tels que VOMIT (Voice Over Misconfigured Internet Téléphones) permettent de réaliser cette attaque. VOMIT convertit les paquets sniffés en fichier .wav qui peut être réécouté avec n'importe quel lecteur de fichiers son.

Le principe de l'écoute clandestine :

1. Déterminer les adresses MAC des victimes (client-serveur) par l'attaquant.

2. Envoi d'une requête ARP non sollicités au client, pour l'informer du changement de l'adresse MAC du serveur VoIP à l'adresse MAC.

3. Envoi d'une requête ARP non sollicités au serveur, pour l'informer du changement de l'adresse MAC du client à l'adresse MAC.

4. Désactiver la vérification des adresses MAC sur la machine d'attaque afin que le trafic puisse circuler entre les 2 victimes.

Après avoir étudié les protocoles de la VoIP, identifié les attaques qui menacent les systèmes de VoIP et les bonnes solutions afin de sécuriser le serveur Elastix. Nous allons nous intéresser dans ce chapitre aux techniques, mécanismes et configurations à mettre en place dans le but de sécuriser la solution VoIP basée sur le serveur Elastix ; les solutions matériels utilisées.

4) Logiciel d'attaque wareshark

Wireshark est un logiciel libre d'analyse de protocole, utilisé dans le dépannage et l'analyse de réseaux informatiques, le développement de protocoles, mais aussi le piratage. C'est l'analyseur réseau le plus populaire du monde. Cet outil extrêmement puissant fournit des informations sur des protocoles réseaux et applicatifs à partir de données capturées sur un réseau.

L'utilisation de Wireshark dans notre projet est pour la détection des vulnérabilités dans le réseau VOIP. Nous essayerons de capturer les paquets qui circulent pour déterminer quelques informations telles que les adresses IP, les numéros de ports, et d'autres informations qui servent au piratage (vol d'identité, dénie de service, etc.). Ainsi que nous pouvons écouter une communication entre deux clients en décodant les paquets RTP (écoute clandestine).

✓ **Capture de trame :**

Après avoir installé le logiciel Wireshark dans une machine qui va jouer le rôle de l'attaquant qui fait partie à un autre réseau mais connecté à notre réseau via VPN.Il va sniffer à distance le trafic circulant dans notre réseau local. Nous avons lancé au début la capture des trames ensuite on a initialisé une connexion entre deux clients.

figure34 : capture de trafic via WireShark

Comme nous pouvons le voir dans la figure dessous, la conversation entre ces deux hôtes a été capturée. La fenêtre principale de Wireshark comprend deux grandes parties. Dans la première partie, nous voyons les différentes étapes de connexion entre les deux clients. Dans la deuxième partie, celle la plus intéressante, nous pouvons lire le contenue des paquets et donc collecter des informations très indispensables pour effectuer une bonne attaque.

Les outils utilisés pour la sécurité

A. Introduction

Après avoir étudié les protocoles de la VOIP, identifié les attaques qui menacent les systèmes de VOIP. Nous allons nous intéresser aux techniques, mécanismes et configurations à mettre en place dans le but de sécuriser la solution

VOIP basée sur le serveur Elastix, les solutions utilisées est de mettre en place un firwall dans chaque site et communiquer tous les sites via des connections sécurisées de type VPN site to site comme nous pouvons renforcer la sécurité en utilisant le protocole sécureSIP dont on va en détailler dans une partie en bas , Ce chapitre se compose de deux grandes parties. Dans la première, nous utiliserons le Logiciel d'attaques, Wireshark et nous expliquerons comment il fonctionne, après nous montrerons la solution implémentée pour sécuriser solution déployée.

B. Le protocole SIP Secure

SIP sécurisé est un mécanisme de sécurité définie par SIP RFC 3261 pour l'envoi de messages SIP sur un Transport Layer Security -chaîne cryptée. A l'origine utilisé pour sécuriser les sessions HTTP, TLS peut être réorientés pour protéger les communications de session SIP contre les écoutes ou la falsification. En déployant basées sur SIP périphériques, prenant en charge SIP sécurisé, les administrateurs réseau de bénéficier de ces niveaux accrus de sécurité pour leurs réseaux VoIP.

Simple CA :package fournit une méthode pratique de mise en place d'une autorité de certification (CA). L'autorité de certification peut alors être utilisée pour délivrer des certificats pour les utilisateurs et les services. Simple CA est destiné aux opérateurs de petits environnements de test de la grille.

Transport Layer Security (TLS) : anciennement nommé Secure Sockets Layer (SSL), est un protocole de sécurisation des échanges sur Internet. TLS fonctionne suivant un mode client-serveur. Il fournit les objectifs de sécurité suivants :

- ✓ l'authentification du serveur.
- ✓ la confidentialité des données échangées (ou session chiffrée) ;
- ✓ l'intégrité des données échangées ;de manière optionnelle, l'authentification ou l'authentification forte du client ave l'utilisation d'un certificat numérique ;

✓ la spontanéité, c'est-à-dire qu'un client peut se connecter de façon transparente à un serveur auquel il se connecte pour la première fois.

✓ la transparence, qui a contribué certainement à sa popularité : les protocoles de la couche d'application n'ont pas à être modifiés pour utiliser une connexion sécurisée par TLS. Par exemple, le protocole HTTP est identique, que l'on se connecte à un schème http ou https.

C.   Sécurité via des connexions VPN

a. Présentation de sécurité FR

Les réseaux modernes requièrent à la fois une sécurité à toute épreuve pour faire face à la prolifération rapide de menaces toujours plus sophistiquées et des fonctions de commutation flexibles afin de fournir, sur un marché de plus en plus dynamique, des canaux réactifs pour la communication des entreprises. Or pour satisfaire à ces deux contraintes, il faut souvent faire appel à divers composants matériels, ce qui augmente les coûts, mais aussi les ressources utilisées pour le déploiement et la gestion de chacun de ces composants.

b. Sonic-Wall

Sonic-WALL résout le problème, cette Appliance de sécurité réseau allie robustesse et performances en matière de sécurité sur une plate-forme de pare-feu nouvelle génération dotée de la technologie de pointe RFDPI (Reassembly-Free Deep Packet Inspection™)*, ainsi que d'une conception matérielle multicoeur lui permettant d'offrir une protection totale et en temps réel du réseau, la prévention des intrusions à haut débit, le filtrage des fichiers et contenus, ainsi que les puissantes fonctionnalités d'intelligence et de contrôle applicatif – le tout sans compromettre les performances réseau , nous avons opté pour **TZ 200** qui répond à nos besoin et supporte aussi la VOIP, voir cap

Figure 35 :l'option de la voip sur Sonicwall TZ200

c. Cyberom

Cyberoam est la seule solution UTM basée sur l'identité à proposer une sécurité Internet complète grâce à des politiques orientées identité de l'utilisateur et permettant des contrôles d'une extrême finesse. La fonction intégrée de haute disponibilité assurée par un basculement actif-actif garantit une protection contre les défaillances matériel ; le temps de disponibilité du réseau est ainsi optimisé et l'accès ininterrompu. Cette gestion basée sur l'identité est très facile d'utilisation et permet une très grande flexibilité aux entreprises, établissements scolaires, administrations et autres.

Les solutions Cyberoam du **CR25i** au CR1500i, satisfont pleinement aux exigences de sécurité des petites, moyennes et grandes entreprises, et des filiales et bureaux distants, de 5 à 5000 utilisateurs, nous avons opté pour le CR25I qui est moins chère et qui répond à nos exigences.

d. les connexions Site to Site VPN

Nous avons créé des connexions site to site pour protéger les communications entre les différents sites, comme vous voyez ci-après dans les captures d'écran, les points en vert se sont les sites qui sont actifs, ceux qui sont en rouge, ce sont ceux qui sont en cours de construction.

-Site Brioss :

Figure 36 : les VPN site to site sur le Cyberoam(Brioss)

Site Arkas :

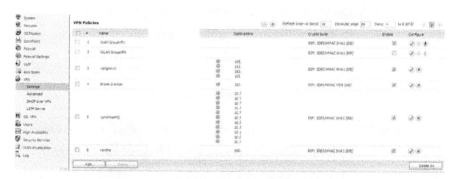

Figure 37: les VPN site to site sur le Sonicwall (siteArkas)

Pour les autres sites utilisent aussi des connexions site à site en utilisant le sonicwall TZ200.

Conclusion

Mon objectif était d'apprendre, chercher et bien travailler tout en réalisant particulièrement système de communication VoIP de type Elastix et en pratiquant tout ce qu'on a acquis durant cette formation, un suivi scrupuleux de la procédure, ceci doit aboutir à une solution correctement configurée et qui fonctionne parfaitement.

Pour aller plus loin dans le fonctionnement des IPBAX, on pourrait envisager de réaliser une solution de sécurité de type SIP proxy pour établir des communications plus sécurisées et sûres et aussi via des tunnels VPN.

Ce projet était une expérience très bénéfique dans la mesure où nous avons enrichi nos connaissances dans les solutions téléphoniques Open Source, il était une occasion pour que je mette en pratique nos connaissances théoriques.

Il est à noter que ce modeste travail m'a permis de développer les qualités recherchées chez l'ingénieur, voir la gestion optimale du temps, la patience, il m'était d'un apport considérable, tant au niveau de la recherche et de la collaboration...

Bien entendu, il reste beaucoup de failles à combler avant d'arriver au système parfait, mais j'espère y être arrivé le plus proche.

Un projet de ce genre n'a pas vraiment de fin et est propice à l'évolution et pour ça j'espère que l'effort fourni sera d'amplitude pour les générations à venir.

Bibliographie

↓ WWW.COMMENTCAMARCHE.COM

↓ WWW .SITEDUZERO.COM

↓ Fr.wikipedia.org

↓ http://pfmh.uvt.rnu.tn/620/1/%C3%89tude_et_Mise_en_place_d%27ueSsoluti
on_VOIP_S%C3%A9curis%C3%A9e.pdf.

↓ http://www.gtrgrenoble.fr/projets/2009/asterisk/pages/platefrm_locale.html
↓

↓ http://blog.wikimemoires.com/2011/03/etude-mise-place-centre-appels-via-ip/
↓

↓ http://www.symantec.com/connect/articles/two-attacks-against-voip
↓
↓

↓ http://www.frameip.com/voip/
↓

www.ingramcontent.com/pod-product-compliance
Lightning Source LLC
LaVergne TN
LVHW042347060326
832902LV00006B/432